VDM
Les inédits
du monde entier, 1

Paru dans Le Livre de Poche :

Vie De Merde

Vie De Merde, la suite…

Maxime Valette, Guillaume Passaglia
& Didier Guedj

Illustrations de MissBean

VDM
Les inédits du monde entier, 1

privé©

ISBN : 978-2-253-13188-5 – 1re publication LGF

PRÉFACE

Voici le top du top de la crème des anecdotes VDM françaises, ainsi que plein d'autres anecdotes inédites postées d'un peu partout en Europe.
Tout ça, c'est de la faute de Maxime (Valette). Il avait pris l'habitude d'échanger ses propres anecdotes sur un canal IRC avec quelques amis. Forcément, les embrouilles des uns faisant le bonheur des autres, de plus en plus de curieux sont venus les lire et publier les leurs. C'est ainsi que Maxime a créé le concept VDM et le site viedemerde.fr, avec bientôt l'aide de Guillaume (Passaglia), puis de Didier (Guedj) qui s'est occupé de lancer avec eux la version internationale du site.
Surprise : ce qui semblait être un phénomène franco-français s'est vite révélé devenir un concept universel, avec plusieurs milliers de VDM soumises chaque jour et des millions de visiteurs affluant des quatre coins du globe... Comme s'il y avait une forme de solidarité internationale dans les petits malheurs du quotidien et la tartine de confiture qui tombe du mauvais côté. Attention, on a dit « petits malheurs du quotidien », pas « atrocités » ; on ne publie que ce qui est à la sauce de l'autodérision, du râteau assumé, tout ce qui nous fait vraiment marrer.
À votre tour d'en profiter…

Espagne

Aujourd'hui, j'ai déjeuné au restaurant, et j'ai un peu tapé dans la corbeille de pain en attendant de pouvoir passer ma commande. Quand le serveur est arrivé, il a dit : "Ne mange pas trop de pain ma cocotte... tu vas grossir encore plus." Il n'a pas dit "tu vas grossir"... Il a dit "tu vas grossir encore plus". VDM

Italie

Aujourd'hui, je me suis retrouvé enfermé dehors. Après avoir passé un temps fou à essayer de forcer la porte, je me suis aperçu que j'avais par chance laissé une fenêtre ouverte. Il faudra quand même remplacer la porte, car maintenant elle est faussée. VDM

Aujourd'hui, j'ai fait l'amour avec une fille. Elle était à fond et s'est vraiment lâchée à grands cris. C'était génial jusqu'à ce que je reçoive un texto de ma petite sœur : "Elle simule. Crois-moi, je m'y connais." VDM

Aujourd'hui, j'ai fait du vélo d'appartement. Quand j'ai voulu en descendre, une partie de mon short s'est coincée sur la pointe de la selle. Je suis resté suspendu un instant, et puis mon short a glissé et je suis tombé tête la première. Se péter une dent de devant avec un vélo d'appartement, faut le faire... VDM

Grèce

Aujourd'hui, un artiste a dessiné mon portrait. Il m'a d'abord demandé de sourire, puis m'a regardé et a soupiré, "Ah... non, ne souriez pas". VDM

Aujourd'hui, j'ai passé une heure à consoler ma petite amie qui s'est fait larguer par le mec avec qui elle me trompait. VDM

Aujourd'hui, j'ai dû mettre en garde le jeune homme qui entretient notre piscine : "Je sais ce que vous faites et je vous demande d'arrêter." Il m'a répondu que je n'avais pas le droit de m'interposer et qu'ils étaient tous deux amoureux. Il faisait référence à sa relation avec mon fils aîné. Moi, je voulais juste lui demander qu'il arrête de se taper mes bières. VDM

Pologne

Aujourd'hui, je me suis promené en montagne et j'ai trébuché. J'ai pu toutefois me rattraper à une clôture pour amortir ma chute. C'était une clôture électrifiée. VDM

Aujourd'hui, mon mari était encore en train de jouer aux Sims. Je l'ai interrogé à propos de la maison virtuelle qu'il a construite. Apparemment, c'est la maison de ses rêves et il s'est créé un petit personnage Sim pour pouvoir y vivre. Je lui ai alors demandé où était la femme. Pas de femme. C'est "son endroit à lui pour être heureux". VDM

Aujourd'hui, je me suis endormie en plein cours d'histoire. Quand je me suis réveillée, tout le monde me regardait d'un air bizarre et le prof avait quitté la classe. Il paraît que je gémissais de plaisir dans mon sommeil en prononçant son nom. VDM

Allemagne

Aujourd'hui, je décide de faire une sieste avant un rendez-vous important pour un boulot à 18 heures. J'ai mis deux réveils pour être certain de ne pas le rater. 17 h 59 : réveil en panique. Je suis en retard à mon rendez-vous. Ma mère me dit : "J'ai retiré les réveils de ta chambre pour que tu ne sois pas dérangé, car tu avais vraiment l'air fatigué aujourd'hui." VDM

Aujourd'hui, j'ai eu un rencard avec la fille la plus chaude de l'école ; un canon. Juste avant de passer la prendre pour aller au cinéma, je l'ai appelée pour prendre son adresse. Elle a répondu au téléphone juste à temps pour entendre mon père crier en bruit de fond : "Arrête de parler avec cette pétasse !" VDM

Aujourd'hui, je suis retourné dans ma chambre vers trois heures du matin pour trouver mon colocataire inconscient à côté d'une trace immonde. Il s'est saoulé, puis a réussi à vomir sur les murs, le tapis et nos deux lits. Sa tentative désespérée de nettoyer le bordel a consisté à étaler son vomi partout à l'aide de mon peignoir. VDM

* J'aime la saucisse !

Aujourd'hui, nous étions à une fête avec ma nouvelle copine, et un type assez âgé s'est pointé et a commencé à me parler de son goût pour l'escalade et du dernier stage qu'il a fait. Je lui ai répondu : "Écoute mec, je suis complètement bourré, alors ton truc je m'en tape." C'était le père de ma copine qui voulait sympathiser avec moi en venant la chercher. VDM

Aujourd'hui, j'ai croisé ma cousine que je n'avais pas vue depuis deux ans. Elle est maintenant grande et fine comme un mannequin. J'ai dit en plaisantant : "Tu es devenue un vrai canon, alors que moi je n'ai pas changé, juste grossi", espérant qu'elle allait me contredire. Elle s'est contentée de me regarder d'un air gêné, puis m'a fait un gros câlin de réconfort. VDM

Aujourd'hui, c'était la grosse tempête. Comme il n'y avait pas de bus, je suis allée à pied chez mon petit copain déprimé (le genre sensible et émotif) qui m'avait appelée en pleurant. Quand je suis arrivée là-bas complètement trempée, il m'a confié qu'il ne m'aimait plus et que ça le rendait triste. Je suis rentrée à pied. VDM

Aujourd'hui, j'ai cuisiné des escalopes et je voulais me débarrasser de l'huile au fond de la poêle. J'ai donc décidé de poser la poêle sous notre porche afin de laisser refroidir l'huile bouillante. Sauf que le sol à cet endroit est à base de goudron, qui a maintenant fondu, avec la poêle désormais scellée dedans. VDM

Finlande

Aujourd'hui, j'étais au volant et j'ai vu du coin de l'œil l'ombre d'une voiture qui essayait de me dépasser. J'ai accéléré, car je n'aime pas qu'on me dépasse. Ça m'a pris un bon moment avant de comprendre que je faisais la course contre l'ombre de ma propre voiture. VDM

Aujourd'hui, très tôt le matin, un ouvrier m'a réveillé en faisant un boucan d'enfer sous ma fenêtre. Il s'est arrêté environ cinq minutes avant que mon réveil ne sonne. VDM

Suède

Aujourd'hui, sur un nouveau site de rencontre, je suis tombée sur le profil d'une fille qui avait le même nom que moi. Elle avait aussi la même photo. Cette fille, c'était moi. Ma vie sentimentale est tellement désespérée que je me suis inscrite deux fois sur le même site sans m'en rendre compte. VDM

Aujourd'hui, un mec que j'aime bien a appelé chez moi et ma mère a décroché. Moi je venais juste de glisser et de tomber dans la douche, et j'étais en train de gémir de douleur. Quand il a demandé s'il pouvait me parler, ma mère à répondu : “Là, j'entends qu'elle est en train de se caresser sous la douche, mais je lui demande de vous rappeler dès qu'elle a fini.” VDM

Aujourd'hui, l'entreprise dans laquelle j'ai postulé a téléphoné chez moi. Ils sont tombés sur ma messagerie... celle avec l'annonce où j'imite David Hasselhoff bourré qui mâche un hamburger. Ils ont rappelé plusieurs fois. VDM

Aujourd'hui, mon fiancé m'a offert son cadeau de mariage en avance. J'ai ouvert la boîte dans laquelle il y avait le chat le plus adorable de la terre. Sauf qu'il a paniqué, m'a sauté au visage toutes griffes dehors, puis s'est sauvé en pissant partout. Mon mariage a lieu demain et maintenant je ressemble à la fiancée de Frankenstein. VDM

x 150
x1
x1
x1
x 50
x10
x 400
VIKEA
missbean

Aujourd'hui, j'étais à une fête et j'ai mangé un bol entier de légumes apéro, car je ne voulais pas boire l'estomac vide. J'ai passé les heures suivantes à essayer d'empêcher le monde d'exploser en millions de fragments démoniaques, car c'est apparemment l'effet que procure une surdose d'absorption de champignons magiques. VDM

Aujourd'hui, on a diagnostiqué mes symptômes de diarrhée aiguë comme étant provoqués par l'angoisse. Depuis, je suis constamment angoissé par la peur d'être angoissé. VDM

Aujourd'hui, je faisais la queue dans un magasin. Derrière moi il y avait deux petits vieux, et j'ai voulu la jouer cool en disant : "Passez devant, moi j'ai tout mon temps." Ils m'ont alors engueulé pour avoir "insinué" qu'il ne leur restait plus beaucoup de temps à vivre. VDM

Norvège

Aujourd'hui, j'étais à la gym avec mon petit ami. Il est un peu efféminé, mais cela ne m'a jamais vraiment dérangée. Sauf que là j'ai réalisé que je soulevais des poids deux fois plus lourds que lui. VDM

Aujourd'hui, j'ai passé l'aspirateur dans la maison pour aider mes parents. Musique à fond dans les écouteurs, j'ai bien fait tous les recoins pendant une demi-heure. C'est ensuite, en coupant la musique, que j'ai remarqué que je n'avais pas allumé l'aspirateur. VDM

Aujourd'hui, debout à la fenêtre de la cuisine, j'ai remarqué une souris toute mignonne qui courait sur la neige dans le jardin. J'ai appelé mes deux filles pour venir la voir, et pile au moment où elles se sont approchées de la fenêtre, une buse a foncé sur la souris et l'a déchiquetée vive. Les gosses n'arrêtent pas de pleurer depuis. VDM

Aujourd'hui, j'ai pris le bus pour aller à la gym. J'ai vu cette vieille mamie qui avait du mal à sortir du bus, alors je l'ai aidée en descendant les marches avec elle jusqu'au trottoir. C'est là que les portes se sont refermées et que le bus est reparti avec mes affaires en me laissant au milieu de nulle part. VDM

Aujourd'hui, j'ai fait un tour dans le parc avec un garçon que j'aime bien. Il m'a demandé de m'allonger sur le sol à côté de lui pour regarder les étoiles. Soudain, il s'est levé pour se diriger vers une autre fille, qu'il a embrassée. Ils m'ont ensuite laissée là toute seule allongée sur le sol humide à regarder les étoiles. VDM

Aujourd'hui, j'ai dû faire passer des entretiens d'embauche pour un poste que j'étais moi-même supposé obtenir. VDM

Aujourd'hui, j'ai réalisé que la seule chose que j'ai véritablement apprise de ma première relation sérieuse avec un mec, c'est comment feindre l'orgasme. VDM

Aujourd'hui, je suis allé à l'école dentaire pour un examen de contrôle. La fille a détartré mes dents avec une pointe métallique, éraflant constamment mes gencives. Après une demi-heure de torture où je crachais du sang, elle a rigolé en me disant : "Désolée, j'ai complètement oublié de mettre mes lunettes." VDM

Øñ ëst pås bieñ
lå åu fråis ?
Øh øui !
missbean

Aujourd'hui, en pleine séance avec ma copine, j'essaye de me débarrasser de mon caleçon sans les mains, mais mon genou s'est coincé dans l'élastique. Je tente donc le passage en force avec le genou. Quand l'élastique a lâché d'un coup, mon genou est parti à fond dans l'estomac de ma copine. K.O. direct. VDM

Aujourd'hui, mon fils de trois ans avait envie de faire un truc sympa. Je lui ai bien donné l'idée d'aller chercher quelques-uns de ses jouets, mais il a préféré faire la vaisselle à mon iPhone dans l'évier. VDM

Danemark

Aujourd'hui, j'étais à un concert. Pendant que je relaçais une chaussure, une fille m'a sauté sur les épaules et a refusé de descendre en criant : "C'est trop cool de se faire porter par un grand mec pour voir la scène." Mon nom, c'est Maria. VDM

Aujourd'hui, c'était un jour de grosse tempête. C'était aussi le jour où j'avais un entretien d'embauche, mais à cause de la météo, le retard des bus m'a fait galérer une heure dans le froid glacial. Une fois arrivé là-bas, on m'a dit que la personne que je devais rencontrer n'avait pas pu venir à cause de la météo. VDM

Aujourd'hui, mon petit copain m'a invitée chez lui pour rencontrer ses parents. Quand ils m'ont vue, ils ont eu un fou rire incontrôlable. VDM

Aujourd'hui, je suis allé chez ma dentiste. Après m'avoir injecté un anesthésique dans la gencive, elle s'est aperçue que ses équipements électriques étaient en panne. Je suis donc reparti chez moi avec tout le côté droit de mon visage engourdi et enflé, juste pour le plaisir. VDM

Aujourd'hui, je regardais un film avec mon copain et ses parents. Je me suis endormie. Pas grave. Sauf que j'ai été réveillée par mon propre ronflement, avec un filet de bave aux lèvres. VDM

Irlande

Aujourd'hui, j'ai aidé une amie de ma grand-mère à refaire ses toilettes. J'ai pensé que ça serait sympa de faire le plus gros du boulot en posant moi-même le papier peint. J'étais tellement fier du résultat que j'en ai fait des tonnes à lui révéler la surprise. Tada... ! Le papier était posé à l'envers. VDM

Aujourd'hui, j'ai plongé pour le fun dans un gros tas de neige accumulée au pied d'un mur. Il s'agissait d'un tas de gravats recouvert d'une fine couche de neige. VDM

Aujourd'hui, le service des passeports m'a informé que le mien ne sera pas prêt à temps pour mon départ en vacances. Néanmoins, ils ont prélevé la somme nécessaire à sa réalisation il y a déjà deux mois, ce qui a mis à l'époque mon compte à découvert et m'a empêché de souscrire une assurance vacances. La fameuse assurance dont j'aurais eu besoin aujourd'hui pour me faire rembourser mon voyage. VDM

Aujourd'hui, il y avait ce mec que j'aime bien à l'arrêt de bus. J'ai pris la pause et j'ai fait semblant de parler au téléphone pour avoir l'air cool, mais mon téléphone s'est mis à sonner pour de bon. C'était ma mère, sur haut-parleur, et elle a dit : "T'as pris tes Tampax ?" VDM

Aujourd'hui, ma mère a fait un cauchemar pendant lequel elle s'est mise à crier : "Ne me faites pas de mal, prenez plutôt mes enfants !" VDM

Leprechaun
trouvé dans une Guinness,
le jour de la St Patrick.

Aujourd'hui, j'ai réalisé que le seul mec susceptible de montrer un tant soit peu d'intérêt à mon égard est aussi un grand psychopathe. Ses sujets de conversation préférés sont du genre : "Est-ce que tu sais à quel point il est douloureux de se perforer la main avec une agrafeuse ?" VDM

Aujourd'hui, je me suis habillée sexy, et je me suis approchée de mon copain en lui murmurant qu'il avait le droit de faire tout ce qu'il voulait. Il est sorti faire un grand bonhomme de neige. VDM

Aujourd'hui, sur le ferry, j'ai échangé mon siège avec une autre fille pour qu'elle puisse être à côté de sa copine. Une minute plus tard, un enfant assis derrière moi m'a vomi sur la tête. Ça a bien fait rire la fille avec qui j'avais échangé mon siège. VDM

Aujourd'hui, je viens de m'apercevoir que l'appartement que j'ai loué se trouve juste au-dessus d'un local de répétition de musique folklorique irlandaise. VDM

Pays-Bas

Aujourd'hui, une vieille dame m'a demandé le chemin du centre commercial. Ce n'était pas très loin, mais comme je voyais qu'elle avait du mal à marcher, je lui ai proposé de l'y emmener en voiture. Elle a enfoncé la porte avant droite en l'ouvrant sur un poteau. Elle ne l'a même pas remarqué. VDM

Aujourd'hui, j'attendais de passer un entretien par téléphone pour un super job. Quand le téléphone a sonné, j'ai décroché, mais au moment de parler j'ai lâché un énorme rot par accident. Ils ont raccroché. VDM

Aujourd'hui, j'ai découvert que la mère de mon copain a inventé un nouveau gâteau et lui a donné mon nom. Non pas parce qu'il est délicieux, mais à cause de la quantité de matière grasse qu'il contient. VDM

Aujourd'hui, je me suis réveillée avec le visage tout rouge, enflé et difforme. Il semble que ce soit à cause d'un médicament que je prends depuis une semaine. Il s'agit d'un effet secondaire "observé dans des cas très rares". Au moins, je sais que je suis quelqu'un de "spécial". VDM

Aujourd'hui, j'ai voulu lui enlever son soutien-gorge d'une seule main, et quand j'ai finalement réussi à le dégrafer dans son dos, j'ai pris l'élastique dans l'œil. VDM

Aujourd'hui, je me suis rendu compte que quand je me caresse la nuit en matant du porno sur Internet, ça projette une ombre immense sur le rideau pour tout le voisinage. VDM

Belgique

Aujourd'hui, mon copain m'a avoué à quel point il m'aime, qu'il ne se voit pas vivre sans moi et qu'il espère que je voudrai bien l'épouser un jour. Il a ponctué son discours avec le prénom de son ex au lieu du mien. VDM

Aujourd'hui, je faisais du baby sitting avec un enfant vraiment terrible. Il ne voulait rien écouter et jetait sa nourriture partout dans la cuisine, alors j'ai dû le punir. Quand sa mère est rentrée, il s'est précipité vers elle en disant : "Maman ! Maman ! C'est pas vrai ce que tu m'as dit, les grosses personnes, elles sont pas gentilles !" VDM

Aujourd'hui, j'ai réussi à ouvrir les pressions de mon chemisier avec ma poitrine ! Ce qui est moins sexy, c'est que j'y arrive aussi avec le ventre. VDM

Aujourd'hui, j'ai embouti une voiture et j'ai voulu faire le coup du : "Les gens pensent que je vous laisse mon numéro, mais non !" Je l'ai écrit... sur une de mes cartes de visite. VDM

Aujourd'hui, je téléphone à mon gynécologue pour lui parler de mes problèmes intimes. Ce n'est qu'après les avoir racontés en détail que l'homme que j'ai au bout du fil me signale que je ne suis pas au bon numéro. VDM

Aujourd'hui, la dernière chose que mon grand-père m'a dite avant de mourir c'est : "Tu sens mauvais." Je travaille dans une poissonnerie. VDM

Suisse

Aujourd'hui, c'était l'élection du président du bureau des élèves. Je l'ai jouée cool en votant pour mon adversaire, vu que c'était son anniversaire. J'ai été battu par une voix. VDM

Aujourd'hui, j'ai fait l'amour avec une fille. Elle sur moi, l'ambiance était plutôt torride, alors j'ai tenté la petite claque sexy sur ses fesses. Raté. Par contre je me suis bien claqué les coucougnettes à la place. VDM

Aujourd'hui, j'ai enfin eu le courage d'écrire un truc sous la photo du profil Facebook d'un mec sur qui je craque total. J'ai écrit: "Cool la photo." En me connectant plus tard, j'ai tout de suite vu qu'il avait pris le temps de me répondre: "Putain, mais t'es qui, toi?" VDM

Aujourd'hui, j'ai attrapé ma canette de bière et j'ai bu une grande gorgée avant de réaliser que mes amis s'en étaient servis comme crachoir et cendrier. "Vomir" n'est pas un mot assez fort pour décrire le tsunami qui s'en est suivi. VDM

Croatie

Aujourd'hui, nous étions au restaurant avec mon copain au milieu d'autres couples. Il s'est mis à disserter sur le fait que “toutes les meufs mignonnes sont vraiment trop bêtes”. Apparemment, je suis donc moche, ou stupide. VDM

Lettonie

Aujourd’hui, je suis tombé sur le compte Twitter de ma fiancée, ne sachant même pas qu’elle en avait un. Une phrase récente indique que vivre avec moi est pathétique, mais que “la crise économique actuelle ne lui laisse pas le choix”. VDM

Grande-Bretagne

Aujourd’hui, j’ai vu une vidéo sur moi datant d’hier soir, saoule et toute nue, tentant d’escalader mon placard en criant : “Je veux rejoindre le monde de Narnia !” VDM

Aujourd’hui, mon copain et moi commencions à nous mettre dans l’ambiance pour une petite séance, quand je suis montée sur lui et me suis penchée pour l’embrasser, il s’est alors mis à rire, et m’a confié que dans cette position je lui faisais penser à une vache avec ses mamelles. Puis il a voulu se rattraper : “Non, mais une vache sexy, hein !” VDM

Aujourd'hui, j'ai réparé la chaudière d'un client. Tant que j'étais sur place, je lui ai gratuitement changé le joint d'un robinet qui fuyait. Comme je repartais, il a glissé "un petit quelque chose" dans la poche de ma chemise en disant : "Vous boirez un coup à ma santé." Je me suis aperçu plus tard qu'il s'agissait d'un sachet de thé. VDM

Aujourd'hui, au bureau, nous avons été réunis pour l'annonce d'une mauvaise nouvelle. Un de nos collègues va être absent pour une durée indéterminée, car sa femme a laissé tomber leur nouveau-né par terre. J'ai accidentellement ri à cette image. VDM

Aujourd'hui, ma mère m'a punie pour avoir été chez mon copain au lieu d'aller à la bibliothèque. La mère de mon copain lui a téléphoné en se plaignant de nous entendre "faire la chose" dans sa chambre. Ma mère m'a traitée de petite salope et de menteuse. Pourtant, moi j'étais réellement à la bibliothèque... VDM

Aujourd'hui, pour notre premier anniversaire, mon copain a décidé de me fabriquer une couverture en patchwork. Elle est principalement composée de morceaux de draps tachés par nos ébats amoureux. Il a pensé que ce serait romantique. VDM

Aujourd'hui, secouriste, j'ai été envoyé sur une scène d'accident. Une femme avait été blessée et j'avais du mal à obtenir d'elle le moindre renseignement, tellement elle sanglotait. J'ai donc transmis mon diagnostic par radio en disant "... une femme de 34 ans, en état de choc depuis 10 minutes." Elle a brusquement cessé de pleurer et m'a tapé en criant : "J'ai 28 ans !" VDM

Aujourd'hui, à la cafétéria, j'ai croisé une serveuse qui nettoyait les tables. Elle m'a souri en faisant une petite grimace comique, et j'ai fait pareil en louchant avec un sourire. Elle avait un air très froid quand elle m'a ensuite apporté mon repas. Finalement elle louchait vraiment. VDM

Aujourd'hui, j'étais invité à une partie de paint-ball chez un ami. Quand je suis arrivé chez lui, ses parents m'ont dit que tout le monde avait déjà commencé et que je pouvais les rejoindre au fond du jardin. Sur le chemin, je me suis arrêté pour lire un papier punaisé contre un arbre. Il y était écrit en tout petit "Désolé". C'est alors que vingt personnes ont surgi des buissons et m'ont douloureusement criblé de balles de peinture. VDM

Well well well...
TELEPHONE

Aujourd'hui, j'ai eu un terrible mal d'estomac. J'ai vite rejoint les toilettes et me suis accroupi au-dessus de la cuvette. J'ai alors vomi avec une telle force que ça m'a aspergé en retour. VDM

Aujourd'hui, je téléphone à mon copain tout en roulant vers chez lui. Dans la discussion, je lui raconte que je viens juste de déchirer mon jean. J'ai ajouté : "Pas grave, de toute façon je sais que tu vas me l'enlever en moins d'une minute". J'avais oublié que ma mère était dans la voiture. VDM

Aujourd'hui, j'ai découvert que mon patron s'amuse à un petit jeu avec tous les nouveaux stagiaires. Il les convoque dans son bureau, puis les laisse attendre indéfiniment jusqu'au moment où ils se révoltent et quittent le bureau. Apparemment, l'ancien record était de 45 minutes. J'ai attendu 4 heures. VDM

Aujourd'hui, à 38 ans, je dessine parfois des smileys avec la nourriture dans mon assiette pour me réconforter un peu. VDM

Aujourd'hui, je jouais de la musique à des funérailles dans mon église. Comme l'orgue était détraqué, j'ai dû utiliser un clavier électronique. Tout se passait bien, jusqu'à la fin d'un discours où j'ai accidentellement appuyé sur le bouton "démo". La famille et les proches n'ont pas montré un grand enthousiasme à mon solo de batterie ponctué par un grand coup de cymbale. VDM

Aujourd'hui, je me suis réveillée en pleurant au milieu d'un cauchemar dans lequel mon fiancé me tirait dans le cœur tout en riant, et moi je lui criais "mais je t'aime..." Quand je lui ai raconté mon cauchemar, mon fiancé m'a prise dans ses bras en me caressant le dos pour me réconforter, mais il a dit avec un voix bizarre : "C'était quoi, comme type d'arme ?" VDM

Aujourd'hui, je devais faire semblant d'accoucher en jouant dans une pièce de théâtre. Voulant rendre la scène aussi réaliste que possible, j'ai fini par faire popo par accident. VDM

Aujourd'hui, en plein examen, je sentais les gens se retourner sans cesse vers moi pour me fixer. Au début je les ai ignorés, mais avec le stress, j'ai fini par me lever en leur criant : "Mais qu'est-ce que vous avez tous à me regarder ?" Il se trouve que j'étais assise juste en dessous de l'horloge. VDM

Aujourd'hui, j'ai rencontré ce garçon à une fête. On a discuté, on a dansé, on a bien accroché, et j'ai voulu l'embrasser. Il s'est penché vers moi avec la langue déjà sortie et les yeux grands ouverts. VDM

Aujourd'hui, j'ai rencontré mon nouveau camarade de chambre. J'ai aussi rencontré ses animaux en peluche, qui se sont tous présentés à moi. Oui, mon nouveau camarade de chambre est ventriloque et passe le plus clair de son temps à faire parler ses peluches. VDM

Aujourd'hui, j'ai dû extraire un sandwich au fromage du lecteur de ma PS3, car mon petit frère était persuadé que les PS3 pouvaient servir de toaster pour les sandwichs. Parce que "c'est Youtube qui lui a dit". VDM

Aujourd'hui, ma copine a sauté toute nue sur mon bureau d'ordinateur avec l'idée qu'on ferait l'amour dessus. Un bureau tout neuf à 250 £, désormais fendu et irréparable. Et on n'a finalement pas fait l'amour non plus. VDM

Aujourd'hui, j'ai partagé un grand moment de tendresse avec ma petite-fille qui me caressait affectueusement le visage. Et puis elle a dit : "Mamie, ta peau on dirait comme un crocodile." VDM

Aujourd'hui, j'ai eu mon premier vrai rôle pour une pub télé. J'ai joué un bad boy qui met une main aux fesses d'une fille, et elle se retourne pour le gifler. Le plan de la main aux fesses a été bouclé en une seule prise. Le plan de la gifle en a nécessité quatorze. VDM

Aujourd'hui, j'ai aidé une amie à redécorer sa chambre. Son père avait installé une nouvelle étagère que nous pensions solide. Lorsqu'elle s'est écroulée, j'ai essayé de sauver un de ses précieux vases en l'attrapant au vol. Ce n'était pas un de ses précieux vases, c'était son cactus nain. VDM

Aujourd'hui, j'ai reçu un e-mail d'une copine de bureau. C'était une invitation à déjeuner qui disait : "Déj aujourd'hui chez Camber's - ne PAS en parler à Jenny, je ne pense pas qu'aucune d'entre nous puisse encore la supporter !" C'est moi, Jenny. VDM

Aujourd'hui, en me réveillant, je me suis précipitée vers la fenêtre car il neigeait. J'ai vu un homme qui promenait son chien et qui m'a fait coucou. Je lui ai aussi fait un grand coucou, en même temps que je réalisais que j'étais toute nue. VDM

Aujourd'hui, j'ai reçu un appel de l'école, car mon fils s'amuse à pourchasser toutes les filles de sa classe avec son "glaive de la mort" : mon sextoy. VDM

Aujourd'hui, j'ai découvert à quel point les murs de ma nouvelle chambre d'étudiant sont fins. Tellement fins que je peux entendre le garçon d'à côté murmurant mon nom encore et encore pendant qu'il se masturbe vigoureusement. VDM

Aujourd'hui, je me promenais en envoyant des textos. Je me suis vautré dans une cabine téléphonique avec une femme à l'intérieur. Elle a cru que je l'attaquais et m'a tabassé avec le combiné. VDM

missbean

Aujourd'hui, mon petit ami m'a envoyé une lettre pour mon anniversaire. Il avait oublié de mettre un timbre dessus et j'ai dû payer pour l'obtenir. C'est une lettre dans laquelle il m'annonce que tout est fini entre nous. J'ai donc dû financer moi-même mon propre largage. VDM

Aujourd'hui, mon copain m'a envoyé un texto en me disant qu'il m'aimait et qu'il voulait être "celui qui prendrait ma virginité". On a déjà fait l'amour. Je ne pense pas que ce soit à moi qu'il ait voulu envoyer ce texto. VDM

Aujourd'hui, j'ai posté sur Facebook une photo de mon copain et moi en train de nous embrasser. Il a effacé son nom sur la photo. VDM

Aujourd'hui, j'ai découvert que mon copain garde une arme sous son oreiller. C'était juste après que mes amis et moi ayons voulu lui faire une surprise en bondissant dans sa chambre au réveil avec son gâteau d'anniversaire. VDM

Aujourd'hui, bonne nouvelle ! La guitare pour laquelle j'ai économisé depuis cinq mois vient d'arriver. Elle a été livrée dans un magnifique étui à serrure blindée. Ils n'ont pas mis la clé avec. VDM

Aujourd'hui, pour la troisième fois cette semaine, mon patron m'a fait changer de bureau. Chaque nouveau bureau me rapproche de plus en plus de la porte de sortie. Je pense qu'il veut me faire passer un message. VDM

Aujourd'hui, je me suis réveillée et mon mari me tenait la main. Je lui ai souri et lui ai demandé si tout allait bien. Apparemment, je ronfle moins quand on me touche. VDM

Aujourd'hui, j'ai rencontré la mère de mon copain. J'aurais vraiment souhaité lui faire une bonne première impression, malheureusement, je n'ai pas pu la saluer comme il se doit, à cause du pénis de son fils encore dans ma bouche. VDM

Aujourd'hui, c'est le mariage de ma meilleure amie. Toutes mes amies et leurs petits amis sont assis ensemble à une table, tandis que je suis reléguée à une autre avec les célibataires. Ils sont tous beaucoup plus âgés que moi, la quarantaine bien sonnée. J'ai l'impression de voir mon avenir. VDM

Aujourd'hui, mon petit copain a accidentellement laissé tomber sa guitare sur ma tête en voulant la décrocher du mur. Je l'ai alors vu rapidement contrôler l'état de la guitare avant de penser à s'excuser de m'avoir défoncé le crâne. VDM

Aujourd'hui, à la cantine, j'ai enfin eu le courage de m'asseoir à côté de la fille pour qui je craque depuis trois ans. Tout s'est bien passé jusqu'à ce que j'éternue et que mon appareil dentaire atterrisse sur ses genoux. VDM

Aujourd'hui, c'est l'anniversaire de ma grand-mère. Dire qu'elle passe un bon moment est un euphémisme. Elle est tellement saoule qu'elle a retiré son dentier pour le faire essayer au chien. Comme elle n'a pas réussi, elle a ensuite essayé avec le chat. VDM

Aujourd'hui, j'ai reçu la facture du vétérinaire. Ma mère l'avait appelé en consultation à domicile car elle était inquiète à propos de petites excroissances sur le ventre de ma chienne. Ce sont ses mamelons. VDM

Aujourd'hui, mon copain et moi avons décidé qu'il était finalement temps pour nous de coucher ensemble. Il a gardé ses chaussures tout le temps, car il avait peur de sentir des pieds. VDM

Aujourd'hui, je dois soudoyer mon nouveau copain avec la promesse d'une petite gâterie afin qu'il daigne se doucher plus souvent qu'une fois par semaine. VDM

France

Aujourd'hui, envie d'uriner sur les pistes. Le moniteur m'indique un sous-bois. Y disparaissant, je baisse culotte et pantalon avec les skis aux pieds, qui se remettent à glisser. Impossible d'arrêter! Je déboule du sous-bois, m'étale les fesses à l'air près du groupe m'attendant sur la piste. VDM

Aujourd'hui, premier jour de stage chez un médecin, j'assiste à une consultation. Le patient, gêné, me demande de sortir. Ne connaissant pas le cabinet, j'ouvre la première porte et m'y engouffre. Le temps de réaliser qu'il s'agissait d'un grand placard, je n'ai pas osé en sortir. Et vingt minutes, c'est long. VDM

Aujourd'hui, et pour la énième fois, quelqu'un m'a encore appelé par erreur via l'interphone de mon immeuble parce que mon nom de famille est "Porte". VDM

Aujourd'hui, je viens récupérer les 10 chemises en coton faites à partir d'une chemise laissée en exemple au magasin de confection de mon quartier (je vis à Delhi, en Inde). Le mec m'a refait 10 chemises à l'identique et a refait le trou de cigarette sur chaque poignet gauche. VDM

Aujourd'hui, mon fils menace de dire à sa mère que je la trompe avec ma secrétaire si je n'augmente pas son argent de poche. Je n'ai pas de maîtresse, mais ma femme est très jalouse. Il ira loin, ce petit. VDM

Aujourd'hui, mon chien se gratte le cou. Pour lui faire plaisir, je le lui gratte. Deux secondes après, il se gratte la patte, je la lui gratte. Il poursuit, se lèche les testicules et me regarde à nouveau. Je me demande s'il l'a fait exprès. VDM

Aujourd'hui, le mec que j'aime depuis deux ans m'a enfin adressé la parole : "Ta gueule." VDM

Aujourd'hui, je suis en conversation vidéo sur MSN avec mon copain. Je commence à lui faire un "mini-show" quand il me dit : "Ma mère aime bien tes seins." VDM

Aujourd'hui, ma chienne fait une grossesse nerveuse. Elle a piqué toutes les poupées de ma petite sœur et les couve dans le jardin en hurlant à la mort. VDM

Aujourd'hui, j'ai dit à ma sœur : "N'oublie pas de surveiller la quiche !" Plus tard, quand je suis revenu, ça sentait le brûlé. Ma sœur était en train de surveiller mon petit frère. VDM

Aujourd'hui, d'humeur inhabituellement enthousiaste, je me lève, fais mes exercices sportifs matinaux, prends une bonne douche en chantant joyeusement, m'habille, ouvre la fenêtre de ma chambre et me prends un oiseau en pleine gueule. VDM

Aujourd'hui, j'ai reçu une lettre de mon copain. Toute joyeuse, je monte mes escaliers en me disant : "Arrête d'afficher ce sourire béat, tu as l'air stupide et, si ça se trouve, c'est une lettre de rupture, ha ha !" Ha ha. VDM

Youhouuuu !!!
GINETTE
missbean

Aujourd'hui, ma tortue, qui a un petit espace aménagé dans mon jardin, est morte. Mon petit neveu de cinq ans a voulu faire "comme dans Mario" en sautant dessus. VDM

Aujourd'hui, dans le métro, une femme oublie sa valise en descendant. Ni une ni deux, je bondis, attrape la valise, la lance sur le quai et hurle : "Vous oubliez votre valise !" pendant que les portes se ferment. En fait, ce n'était pas sa valise. Le propriétaire était toujours dans la rame. VDM

Aujourd'hui, en rentrant chez moi en voiture, j'ai pilé pour m'arrêter à deux mètres d'un mouton couché au milieu de la route. Quand je suis allé voir s'il était blessé, il m'a mordu, puis est parti en courant. VDM

Aujourd'hui, j'ai découvert que se raser à la va-vite parce qu'on est en retard peut ruiner une réputation. Surtout quand on oublie un carré de poils juste sous le nez. VDM

Aujourd'hui, cela fait deux jours que les toilettes de mon voisin du dessus fuient chez moi et inondent les miennes. Je suis donc obligé d'aller aux toilettes avec un parapluie. VDM

Aujourd'hui, un site de voyance m'a appris que, selon mon nom et ma date de naissance, mon jour de chance serait le 30 février. Ça expliquerait beaucoup de choses. VDM

Aujourd'hui, comme tous les jours, je rame. Eh oui, je fais de l'aviron. Un sport qui implique d'être assez court vêtu, ce qui fait qu'on se fait souvent klaxonner par des mobylettes, des voitures, des camions... Mais par un train de marchandises, c'est la première fois. VDM

Aujourd'hui, j'ai rangé ma planche à repasser dans les toilettes. Après avoir refermé la porte, j'ai entendu un grand fracas. La planche s'est ouverte en tombant, prenant toute la largeur de la pièce. Impossible d'ouvrir la porte. VDM

Aujourd'hui, je suis très énervé. En rentrant chez moi, je donne un grand coup de pied dans le doudou de mon fils. Mon caniche était super bien caché. VDM

Aujourd'hui, pour se venger, un pote m'a fait un dessin au dentifrice sur le miroir de la salle de bains. Dur à nettoyer quand c'est sec, le dentifrice, alors je nettoie au gratte-gratte... Maintenant, j'ai un sexe énorme griffé sur mon miroir. VDM

Aujourd'hui, j'ai beaucoup appris sur la vie de mon voisin du dessus. Qu'il soit fan de Mondotek

est une chose, que son lit soit bruyant lors de ses ébats sexuels en est une autre, mais qu'il allie les deux en même temps, vraiment... VDM

Aujourd'hui, je vais chez le boucher et lui demande du boudin. Il en coupe, puis relève la tête et me dit : "Tiens, ça me fait penser... Vous passerez le bonjour à votre femme." VDM

Aujourd'hui, on joue au jeu des petits papiers dans ma chambre de cité U. Le veilleur passe pour nous dire qu'on parle trop fort, je lui ouvre la porte sans savoir que sur mon front, il y a un post-it sur lequel est écrit "Prostituée russe". VDM

Aujourd'hui, je jouais 80 euros sur une partie de poker en ligne. Mon chien, lui, jouait avec la prise de courant. VDM

Aujourd'hui, pendant la nuit, ma copine me murmure à l'oreille : "Tu dors ?" Moi, pour voir sa réaction, je ne réponds rien. Là, elle lâche un pet aussi bruyant que malodorant. Elle a secoué la couette, ri et s'est rendormie. VDM

Aujourd'hui, en voulant sauter une barrière du métro parisien, je me suis cogné le tibia dans le tourniquet, j'ai tendu les mains en avant pour ne pas m'écraser le nez par terre, et suis donc resté coincé dans la position du poirier entre le tourniquet et la porte. Un collégien m'a pris en photo. VDM

Aujourd'hui, j'envoie un e-mail à un client très haut placé dans sa société, et après avoir envoyé ce message, je m'aperçois qu'au lieu de "Géraldine", j'ai signé "Géraldinde". VDM

Aujourd'hui, ma tartine est tombée du bon côté. Mais mon chien a été plus rapide que moi. VDM

Aujourd'hui, en déplaçant mon canapé pour nettoyer, j'ai résolu trois énigmes. Où mon chat s'était-il nourri la semaine dernière ? Où était passé le poisson que je devais manger cette même semaine ? D'où venait cette odeur infecte ? Alimentaire, mon cher Watson. VDM

Aujourd'hui, j'ai rencontré ma gynéco et son mari à une fête. Un peu gênée, je leur serre la main et elle me présente comme l'une de ses patientes. Elle ajoute pour son mari : "Tu sais, je t'en ai parlé ! Celle qui a un vagin parfait, une cavité magnifique !" Je ne suis plus gênée, je suis décomposée. VDM

Aujourd'hui, lorsque j'ai annoncé à ma mère que j'étais gay, elle a juste lancé, avec son air de petite bourgeoise coincée, un "bien !", avant de tomber dans les pommes. VDM

Aujourd'hui, j'ai découvert ce par quoi mes collègues avaient remplacé mon message d'absence. En résumé : "Je serai absent pendant quinze jours. À mon retour du Brésil, et suite aux opérations chirurgicales prévues, merci d'utiliser mon nouveau prénom : Crystal." VDM

Aujourd'hui, mon copain boude car il en a marre que je prenne l'excuse des règles une fois par mois. Parce que "c'est bien connu, les femmes n'ont leurs règles que deux fois par an, alors arrête de me prendre pour un imbécile !". Il a 23 ans. VDM

Aujourd'hui, j'ai rendez-vous avec une dame qui a retrouvé mon chien perdu dans la rue. J'arrive donc toute contente, mais elle vient les mains vides. "Oui, en fait, il commençait à sentir, donc je l'ai enterré." Je ne savais pas qu'il était mort. VDM

Aujourd'hui, alors que j'entrais le numéro d'un garçon dans mon répertoire téléphonique, j'ai été incapable de me souvenir de son prénom. Embarrassée, je tente un : "Tu peux m'épeler ton prénom, s'il te plaît ?" Il s'appelle Bob. VDM

Aujourd'hui, ma copine m'envoie un e-mail intitulé "Quelle émotion !" avec une vidéo en pièce jointe. On la voit en train d'interviewer mes caleçons et mes chaussettes qui traînent, et ils lui racontent leur détresse de ne pouvoir se déplacer tout seuls jusqu'au bac à linge. VDM

Aujourd'hui, cela fait deux mois que j'ai un chaton. Joueur. Il adore se cacher et me surprendre en sortant de sa cachette. C'est donc tout naturellement qu'il a jailli hors de mon sac pendant mon heure de cours. VDM

Aujourd'hui, j'ai acheté une tringle à rideaux au BHV. Alors que j'étais dans le métro, je la tenais à la verticale et tout le monde a cru que c'était la barre pour se tenir en cas de freinage. Vous imaginez la tête des six personnes accrochées à ma tringle quand le métro est arrivé à ma station. VDM

Aujourd'hui, en boîte, je repère un beau mec qui me fixe avec insistance. Toute contente d'avoir un ticket, je me trémousse comme une folle sur la piste tout en lui jetant des regards langoureux. Je finis par m'approcher de lui pour lui parler. C'est une photo sur un mur. Draguée par un poster. VDM

Aujourd'hui, nuit très arrosée dans un loft avec beaucoup de monde. Ma femme, bourrée, me chope dans les toilettes et nous faisons sauvagement l'amour. Plus tard dans la soirée, elle me voit de loin et vient me sauter dans les bras. "Oh, mon chéri, tu es enfin arrivé !" Auto-cocufié. VDM

Aujourd'hui, j'avais une réunion avec des clients de nombreux pays différents et tout le monde devait donc parler anglais. Au moment de présenter mon patron, M. Gateau, je sors : "… and this is my boss, Mr Cake." VDM

Aujourd'hui, je rends visite à ma grand-mère avec ma nouvelle petite amie. Nous buvons le café quand soudain mamie se penche sur la fesse gauche et lâche un énorme pet. Fière d'elle, elle ajoute : "Il avait pas payé son loyer, celui-là !" Ma copine a entièrement recraché son café par les narines. VDM

Aujourd'hui, et depuis toujours, je suis somnambule. Cette nuit, je serais apparemment partie voir ma mère et je lui aurais tiré les cheveux pour qu'elle m'avoue où était le pays des pingouins perdus. VDM

Aujourd'hui, footing. Sur un chemin, je vois arriver un yorkshire sans laisse en train d'aboyer. Ayant déjà été mordu, j'utilise ma super technique pour repousser les chiens : je crie le plus fort possible avec les bras levés façon ogre (oui, bon...). Le chien est tombé raide mort. Sa mémé était inconsolable. VDM

Aujourd'hui, j'ai entendu mon fils, en pleine dispute avec son chat, lui dire : “Et ne me miaule pas sur ce ton !” VDM

Aujourd'hui, comme depuis dix ans, je suis allergique aux fruits. Après une dispute avec ma génitrice, elle me dit : “Tiens, prends une banane et va te suicider !” VDM

Aujourd'hui, ma copine regarde dans mon frigo et commence son classique : “Tu es un porc, tu nettoies jamais rien, regarde cet œuf, ça me donne envie de vomir, il est tout noir, couvert de mousse, et il y a même des poils dessus !” Je vais voir : c'était un kiwi. VDM

Aujourd'hui, premier jour en tant qu'interne en médecine dans un nouveau service. Je suis en train de faire un toucher rectal à un patient quand mon chef, pour me bizuter, arrive en hurlant, affolé : "Mais qui êtes-vous ? Vous n'êtes même pas médecin ! Sale perverse !" VDM

Aujourd'hui, en l'absence de presse-purée, mon mari a mis toutes les pommes de terre bouillies dans un sac plastique et a roulé dessus avec la roue avant de la voiture. VDM

Aujourd'hui, un vieil ami de fac de mon mari dîne à la maison. On discute des années fac et il rappelle en rigolant que mon mari s'était inventé un ami, Marc Deveau, qu'il disait aller voir quand il trompait sa petite amie. Mon mari voit toujours Marc Deveau. VDM

Aujourd'hui, je décide de dormir avec la fenêtre ouverte. Dans la nuit, je sens un truc massif se déplacer dans mon lit. Effrayé, j'appelle au secours, mes parents ouvrent la porte et allument la lumière. Sur mon lit, un canard dormait paisiblement. VDM

Aujourd’hui, c’est sous le regard choqué de mes collègues que je sors des toilettes en m’essuyant les lèvres des quelques gouttes d’eau restantes. Rien de grave, si ce n’est que mon patron, derrière, ressort en fermant sa braguette et en ajoutant : “Eh ben merde, ça fait du bien !” VDM

Aujourd’hui, je rentre tard et aviné chez mes parents. Une petite faim, une tranche de pain, du beurre et je croque deux bouchées. Cinq heures plus tard, ma mère me réveille et me traîne à la cuisine. Sur la table immaculée trône une éponge beurrée à moitié mangée. VDM

Aujourd’hui, je suis policier, et j’ai rencontré une femme magnifique. Une soirée parfaite, jusqu’à ce que je lui ouvre la portière de la voiture et que je lui mette la main sur la tête pour la faire rentrer. Déformation professionnelle. VDM

Aujourd’hui, j’ai pété à mon entretien d’embauche. Après un blanc de quelques secondes, j’ai dit : “C’est pas moi.” VDM

Aujourd'hui, je regarde la seule TV qu'il y a chez moi, dans la chambre de mes parents. Ceux-là rentrent à l'improviste et, pour ne pas qu'ils m'engueulent car ils ne veulent pas que je la regarde l'après-midi, je me cache sous leur lit. Je n'aurais jamais dû. Jamais. VDM

Aujourd'hui, mon copain n'a rien trouvé de mieux à dire à ma mère, qui nous avait surpris, que : "Je suis désolé, j'ai trébuché et mon pénis s'est retrouvé dans sa bouche." VDM

Aujourd'hui, j'ai donné naissance à une petite fille dans le couloir de la clinique. La sage-femme qui nous a montées dans la chambre a tenté de me rassurer : "Il y a pire, vous savez. Il y a deux ans, il y en a une qui a fait son bébé sur le parking." C'était moi aussi. VDM

Aujourd'hui, à mon mariage, au moment fatidique de la question "Voulez-vous prendre pour épouse mademoiselle X ici présente ?", j'ai mis dix secondes à répondre parce que je pensais à : "Non, mais je prendrais bien un Kiri." Ma nouvelle femme n'arrête pas de me demander pourquoi je rigolais. VDM

Aujourd'hui, je suis allongé sur le ventre, malade, le thermomètre dans les fesses et une couverture qui cache le tout. Mon petit frère entre dans la pièce et, fou de joie de me voir, court et me saute dessus. Le thermomètre était toujours là. VDM

Aujourd'hui, cours avec mes élèves de primaire sur les conjonctions de coordination. Je donne comme moyen mnémotechnique la célèbre phrase "Mais où est donc Ornicar". L'un d'eux m'a répondu : "Dans ton cul." VDM

Aujourd'hui, étant très seule et après une rupture douloureuse, je raconte mon histoire à mon nounours. Après avoir fini, je lui demande : "Tu ferais quoi, à ma place ?" Et là, il tombe de mon étagère, en s'écrasant la tête la première sur le sol. Comment dois-je interpréter ça ? VDM

Aujourd'hui, au camping, je reviens des W.-C. et retrouve mon copain qui cherche quelque chose au fond de la tente, à quatre pattes et à poil. Coquine, je passe ma main entre ses jambes et lui dis, en secouant doucement : "C'est à qui, ces petites choses-là ?" Il se retourne, ahuri. C'était pas la bonne tente. VDM

Aujourd'hui, pour mon cinquième essai au permis de conduire, en voyant les quatre tampons sur la feuille, l'examinateur m'a sorti : "Vous avez cru que c'était une carte de fidélité ?" VDM

Aujourd'hui, notre fils nous réclame un ordinateur portable. D'un commun accord, nous lui disons que, s'il trouve un bon argument, nous y réfléchirons. Avec : "Pour pouvoir continuer à regarder un film en faisant caca", il a réussi à convaincre son père. VDM

Aujourd'hui, douche avec ma copine. Cela commence à progressivement devenir chaud et elle me dit sur un ton érotique : "Fais-moi maaaal." La seule idée que j'aie eue sur le moment a été de lui mettre du savon dans les yeux. VDM

Aujourd'hui, je suis en salle de pause avec mes collègues et notre boss détestable. Comme toujours, ce dernier parle fort, persuadé que ses blagues sont drôles. La fenêtre est ouverte, il fait froid. Comme il est assis à côté, je lui demande avec spontanéité : "Cédric, peux-tu fermer ta gueule ?" Lapsus. VDM

Aujourd'hui et depuis 23 ans, je m'appelle Ravi (je suis d'origine indienne), et à chaque fois que je me présente on me répond : "Moi aussi." VDM

Aujourd'hui, à la question d'une de ses amies : "Et vous, vous utilisez quoi comme moyen de contraception ?", j'ai très clairement entendu ma femme répondre : "World of Warcraft." VDM

Aujourd'hui j'ai pour la première fois ressenti les effets secondaires d'un médicament que je prends et qui est censé me mettre à fleur de peau. J'ai pleuré devant ma copine car elle ne voulait pas mettre de gruyère râpé dans ses pâtes. VDM

Aujourd'hui, ma tante a surpris son chien en train de manger le perroquet qu'on lui avait donné à garder. Pour le punir, elle a mis ce qui restait du perroquet au congélateur et, désormais, elle lui tape dessus avec le volatile congelé en criant : "Regarde ce que tu as fait !" VDM

Aujourd'hui, saut à l'élastique. Je suis plutôt angoissée. Après quelques consignes, c'est parti. J'avance sur le parapet jusqu'à avoir les orteils dans le vide, plie les genoux, m'élance et entends hurler : "Haaaaaaa elle n'est pas attachée !" J'ai frisé l'arrêt cardiaque. VDM

Aujourd'hui, premier rencard avec un collègue de travail. J'ai eu droit à trois heures de balade dans Paris, deux heures de dîner, 1 h 30 de cinéma, quarante-cinq minutes pour un "dernier verre" chez lui, trente minutes d'embrassades langoureuses, vingt minutes de préliminaires et... vingt secondes de pénétration. VDM

Aujourd'hui, je dois apprendre une scène de théâtre par cœur, et le seul endroit peinard pour ça, ce sont les toilettes. J'ai une pensée pour mon collègue, présent de l'autre côté de la porte, et qui a dû entendre à peu près ça : "Cette fois, tu es allé trop loin, tu dois partir. Adieu. *plouf*" VDM

Aujourd'hui, comme d'habitude, mon mari m'envoie remplir sa bouteille d'eau pour la nuit. En bonne épouse, je me rends à la salle de bains et y trouve ma fille de six ans qui, d'un air résigné, me lance : “Les garçons, c’est tous les mêmes, des gros fainéants.” Elle remplissait la bouteille de son frère. VDM

Aujourd’hui, en guise de correction, mon professeur d’histoire a simplement inscrit “LOL” sur ma copie. VDM

Aujourd’hui, cela fait trois jours que j’ai croisé la sœur de mon copain en sous-vêtements dans son appartement. Aujourd’hui, je viens de réaliser qu’il n’a pas de sœur. VDM

Aujourd’hui, j’ai vu ma sœur se masturber avec ma brosse à dents électrique puis la reposer sur son socle comme si de rien n’était. VDM

Aujourd’hui, je retrouve une vieille copine. Je lui demande des nouvelles et lui lance un : “Et ta mère ?” Je me souviens dans la même seconde qu’elle est décédée il y a quelques années. Voulant rattraper le coup, j’enchaîne avec : “... Toujours dans le même cimetière ?” VDM

Aujourd’hui, un garçon est assis en face de moi dans le métro. Je l’observe pendant qu’il lit un livre philosophique, et le trouve parfaitement à mon goût. Alors que je suis sur le point de l’aborder, il lève les yeux de son livre, me regarde et me lance froidement : “N’essaie même pas.” VDM

Aujourd'hui, j'ai visité une grotte. Silence attentif : le guide s'applique à jouer *"Au clair de la lune"* sur trois stalactites. Mon ventre gargouille et je recule dans un coin sombre pour me délester discrètement. Derrière moi : la plus grande salle de la grotte. Une caisse de résonance de dix mètres de haut. VDM

Aujourd'hui, j'ai croisé une espèce de fille tellement sublime que, quand tu la vois, tu n'es plus toi-même. Je n'étais tellement plus moi-même que lorsqu'elle m'a dit "coucou", j'ai répondu "caca". VDM

Aujourd'hui, j'essaye de réviser. Mon voisin se met à écouter du metal, le volume à fond. Très énervé, je vais frapper à sa porte. Ah... Certains clichés sont donc vrais : deux mètres, cent kilos, barbe et cheveux longs... Je suis reparti avec un paquet de sucre. VDM

Aujourd'hui, mon fils de six ans regardait une chaîne pour enfants de la TNT. Durant la pub, un petit personnage en 3D annonce : "Mange des fruits et des légumes, c'est très bon, tu verras !" À ce moment, mon fils zappe en disant : "Prends-moi pour un con !" VDM

Aujourd'hui, comme toujours, je suis allergique au riz. Je suis chinois. VDM

Aujourd'hui, mon fils de cinq ans discute avec la voisine de quatre-vingt-dix ans dans l'ascenseur. Papa soucieux de politesse, je suis très fier de l'entendre la saluer : "Au revoir, à la prochaine fois !" Jusqu'à ce qu'il ajoute sur le même ton : "Enfin, si vous n'êtes pas morte." VDM

Aujourd'hui, cela fait un moment que je sais que mes parents vont divorcer. Là, ils sont dans la pièce d'à côté, en train de s'engueuler. Ils se disputent pour ne PAS avoir ma garde. VDM

Aujourd'hui, je suis à vélo et monte une pente très raide. Un mec en scooter me dépasse et me dit que j'ai perdu quelque chose. Je m'arrête et me retourne. Ne voyant rien, je lui demande quoi. Sa réponse : "T'as perdu ton élan !" Ah ! ah !, petit malin. VDM

Aujourd'hui, j'entends mon copain qui rentre à la maison en disant "Où est ma déesse ?" Je lui réponds que je suis là et, tout de suite, il rétorque "Non, je cherchais ma DS. Tu sais, la console de jeu..." VDM

Aujourd'hui, je suis face à un dilemme : soit je garde pour moi le fait que j'ai vu la photo de mon prof de maths sur un site de rencontre gay, soit j'explique à toute la classe ce que je faisais sur un site de rencontre gay. VDM

Aujourd'hui, j'emprunte la voiture de mon mari. Ne l'ayant jamais utilisée, je cherche en vain le moyen de la démarrer. Soudain, un mot s'affiche sur le tableau de bord : "RIRE". Je me mets bêtement à rire en espérant faire démarrer la voiture, avant de réaliser que c'était la radio *Rire et chansons*. VDM

Aujourd'hui, dans ma cabine à la piscine, j'aperçois un trou donnant vers l'autre cabine. Comme quiconque l'aurait fait, je regarde par le trou, et que vois-je ? Un œil. VDM

Aujourd'hui, bataille de peluches avec ma copine. À court de munitions, je vois une toute dernière peluche juste au pied du lit ; je la prends et la lance sur la tête de ma copine. C'était son chat. VDM

PARIS
MODE
missbean

Aujourd'hui, texto de mon beau-père, qui était censé rentrer seulement demain à la maison : "Je suis devant la porte, dis-moi quand vous aurez fini avec ton copain." Le problème ? Je ne suis pas chez moi. Ma mère, en revanche, si. VDM

Aujourd'hui, j'emmène ma fille voir des singes dans un zoo. Devant la cage d'un gorille, il y a une pancarte qui indique que l'animal est très agressif, voire malveillant. J'ai eu l'imprudence de le regarder. Il a déféqué dans sa main et m'a lancé le tout en pleine figure. VDM

Aujourd'hui, pendant l'amour, ma copine lance à sa peluche : "Non, ne me regarde pas, Nounours, il est en train de me souiller !" VDM

Aujourd'hui, je suis invité à manger chez les parents de ma copine. Lorsque son père a dit à quel point il était fier de la virginité de sa fille, je n'ai pu m'empêcher de pouffer. VDM

Aujourd'hui, le statut de mon mec sur MSN est "chez Élise". Le statut d'Élise est "au lit". VDM

Aujourd'hui, la lumière des toilettes du boulot ne fonctionne pas. Tant pis, je n'en peux plus, je me dirige vers le pissoir à l'aveuglette tout en baissant ma braguette, jusqu'à ce que mon sexe entre en collision avec... des fesses ? Il semblerait qu'on soit deux à avoir eu la même idée. VDM

Aujourd'hui, ma prof principale a marqué "résultats diaboliques" sur mon bulletin. En effet, j'ai 6,66 de moyenne générale. VDM

Aujourd'hui, j'ouvre Google pour m'informer sur un problème que je rencontre. Alors que j'écris dans le moteur de recherche, un contact qui me plaît - évidemment - m'écrit sur MSN. Une fenêtre de discussion s'ouvre donc et, après son "Coucou, ça va ?", il a pu lire "écoulement vaginal important". VDM

Aujourd'hui, un ami me montre une photo de sa nouvelle maison, qu'il vient de faire construire. Il me dit : "Et derrière, il y a le jardin avec la piscine." J'ai retourné la photo. VDM

Aujourd'hui, et comme tous les jours depuis ma naissance, mon nom de famille est Spreme. Oui, vous aussi vous avez du mal à le prononcer correctement ? VDM

Aujourd'hui, séance intensive du jeu de "lancer du pingouin" sur mon ordinateur. Ayant battu mon meilleur score, je lève les bras au ciel en signe de victoire. J'ai cassé le nez de mon chef qui m'observait depuis plusieurs minutes derrière mon dos. VDM

Aujourd'hui, au lever, le magnifique fessier de mon chéri passe devant mes yeux. Je ne peux pas résister et le croque (légèrement !). Bang ! Il me met une énorme claque, ma tête cogne contre le mur et je reste assommée pendant presque vingt minutes pendant qu'il répète : "Mais j'croyais que c'était une guêpe !" VDM

Aujourd'hui, ma fille de cinq ans rentre de l'école. Il fait froid et elle est très fatiguée. Je lui dis : "Enlève tes chaussettes et mouche-toi." Elle a effectivement enlevé sa chaussette et s'est mouchée dedans. VDM

Aujourd'hui, je me réveille en sursaut : j'ai oublié de donner à manger à mon chat. Je me précipite hors du lit et descends les escaliers. Après quelques marches, je trébuche et finis étalée sur le carrelage. J'ai mal partout, je suis un peu sonnée, mais consciente : je n'ai pas de chat. VDM

Aujourd'hui, j'ai fait le Père Noël pour les enfants des employés de ma boîte. Après avoir vu défiler tous les gosses de l'entreprise, le tour de ma fille arrive. Elle s'assoit sur mes genoux, approche ses lèvres de mon oreille et me murmure tout doucement : "J'aimerais un nouveau papa." VDM

Aujourd'hui, je croise une fille ultra charmante qui allume sa clope. Je l'intercepte et lui dis : "On vous a déjà dit qu'une femme qui fume et sent le tabac est tout sauf sexy ?" Elle me répond : "On vous a déjà dit qu'une lesbienne se fout de l'avis d'un homme ?" VDM

Aujourd'hui, ma petite amie, un peu pudique, a réalisé deux de mes fantasmes. Elle m'a fait un strip-tease et m'a bandé les yeux. Oui, en même temps. VDM

Aujourd'hui, je suis stagiaire infirmier dans un hôpital et fais la toilette d'un monsieur africain. Je lui demande à quoi il pense maintenant : "À Monkouka." – "Ah, c'est une divinité de chez vous ?" – "Non, mon Coca sur la table." VDM

Aujourd'hui, alors que je chantais pour l'endormir, mon bébé a saisi sa tétine et me l'a collée dans la bouche. VDM

Aujourd'hui, j'ai une vie palpitante et ça se ressent dans mes rêves. Cette nuit, le héros de mes songes était un épluche-légumes. VDM

Aujourd'hui, mon fils de quinze ans m'a dit qu'il désirait changer de dentiste car, selon lui, "c'est trop dur d'avoir du 95B penché sur toi pendant une heure sans y toucher". VDM

Aujourd'hui, je mange un kebab dans le métro en face d'un enfant qui mange une crêpe au chocolat comme un cochon. Sa mère le regarde, me regarde et me dit : "Vous faites un concours ?" VDM

Aujourd'hui, mon patron ne couche pas avec ma femme, non. Il couche avec ma fille. VDM

Aujourd'hui, au parc Astérix, ma petite sœur de huit ans a fait un croche-pied à Panoramix. VDM

Aujourd'hui, ma fille de cinq ans vient me dire qu'elle a envie de vomir. Je lui dis d'aller vite aux toilettes. Je la rejoins et la retrouve effectivement assise sur les toilettes en train de vomir par terre. VDM

Aujourd'hui, je suis au cinéma. Un mec canon, assis à deux sièges de moi, se rapproche et me dit : "Excusez-moi, mademoiselle, je n'ai pas l'habitude de faire ça, mais est-ce que je pourrais vous demander... (je souris déjà)... de remettre vos chaussures ?" VDM

Aujourd'hui, j'ai appris que mon fils et mon mari avaient la même maîtresse. Mon fils a cinq ans. VDM

Aujourd'hui, je me fais dépasser par une camionnette Carglass qui projette un gravillon sur mon pare-brise. L'impact est plus gros qu'une pièce de deux euros. VDM

Aujourd'hui, en pleins ébats avec ma copine : moi, motivé et concentré, elle, le regard dans le vide et plus muette qu'une carpe. J'ose lui demander si elle s'ennuie. Sa réaction : "Oh, pardon !", avant de se remettre à pousser des petits cris semblables à d'habitude... VDM

Aujourd'hui, en sortie avec des copines, notre voiture est cambriolée. Butin des voleurs : quatre valises de linge sale, une chaussure sur

deux et la glacière dans laquelle pourrissaient un vieux camembert et du chorizo. Nous recherchons donc une bande d'unijambistes, malades, habillés en femmes et puant à cent mètres. VDM

Aujourd'hui, étant trop fatiguée pour amener mon fils à l'école, je demande à mon mari de s'en occuper. Le soir, à la sortie de l'école, je récupère mon fils... en pyjama. VDM

Aujourd'hui, il fait beau. J'ouvre donc la fenêtre de mon appart', et un pigeon entre dans mon salon. Pris de panique, il détruit tout sur son passage. J'essaie donc de le faire sortir en ouvrant toutes les fenêtres. Un deuxième pigeon est entré. VDM

Aujourd'hui, mon ex, qui ne m'a pas parlé depuis trois mois à cause d'un adultère de ma part, vient me parler sur MSN avec un timide "Coucou...". Je réponds rapidement: "Couocu!" VDM

Aujourd'hui, et comme tous les soirs, mon chat se place derrière la fenêtre de la salle de bains pour m'observer au moment où je sors de la douche. Il reste le temps que je me sèche. Dès que je passe un boxer, il s'en va. J'ai un chat gay et voyeur. VDM

Aujourd'hui, j'ai fait croire à mon fils de douze ans que j'avais supprimé son compte World of Warcraft par erreur, pour voir s'il allait être déçu, râler ou m'insulter. Il s'est jeté sur moi et m'a frappé. VDM

Aujourd'hui, dans le métro, j'étais en train d'écouter un message sur mon répondeur quand un inconnu est venu me hurler dans les oreilles : "Supprimer !" Il a supprimé mon message. VDM

Aujourd'hui, je regarde *Sur la route de Madison* avec mon copain et, pendant tout le film, je fais mille efforts pour cacher que je chiale. À la fin, j'étouffe un dernier sanglot. Ouf, il n'a rien remarqué ! Et là il se tourne vers moi, les larmes aux yeux : "Mais t'es sans cœur ou quoi ?" VDM

Aujourd'hui, sous-entendant qu'il serait temps d'en changer, je fais remarquer à mon mari que notre lave-linge date de notre mariage. Il m'a répondu : "Ben, toi aussi." VDM

Aujourd'hui, un ami me dit par MSN que son père vient de décéder. Pour exprimer ma compassion, je souhaite lui envoyer le clin d'œil "larmes". Mais je me trompe et je lui envoie "cochon danseur". VDM

Aujourd'hui, en vacances au Maroc, je me fais arrêter par un policier. "Monsieur, vous rouliez à 95 au lieu de 70." Certain de ne pas avoir commis d'infraction, je demande : "Où se trouve le radar ?" De son doigt tendu, le policier m'indique son œil et répond : "Il est là, le radar." VDM

Aujourd'hui, mon mec m'envoie un texto : "Je pense à toi." D'humeur câline, je lui réponds : "Tu fais quoi ?" Il m'a répondu illico : "Caca." VDM

Aujourd'hui, je marche tranquillement dans la rue tout en écoutant de la musique. À un passage piéton, j'entends : "Attention !" Je hurle et cours me réfugier sur le trottoir. C'était dans les paroles de la chanson. VDM

Aujourd'hui, je me suis réveillé blond et sobre. Hier, j'étais brun et bourré. VDM

Aujourd'hui, alors que je servais un client à mon guichet, en balançant mes pieds j'ai fait pression sur la manette de réglage de mon siège. C'est à ce moment-là, et tout en lui parlant, que j'ai progressivement disparu de son champ de vision. Il doit encore en rire. VDM

Aujourd'hui, je promène mon chien, Ulysse. Je l'appelle, il arrive tout penaud en couinant. Il avait une bouteille d'eau Quézac entre ses pattes arrière : son pénis était coincé dans le goulot de la bouteille. Allez savoir. VDM

Aujourd'hui, crise de foie. Je me couche avec une bassine au pied du lit. L'envie de vomir me prend, tout dans la bassine. Enfin, sans compter que le chat dormait dedans et a tout étalé dans l'appartement. VDM

Aujourd'hui, je suis à l'hôpital au chevet d'un ami qui vient de perdre un doigt. Pour lui remonter le moral, je descends lui acheter des biscuits à la cafétéria. Arrivée dans la chambre, je brandis mes courses et m'aperçois que je lui ai acheté... des Finger. VDM

Aujourd'hui, les enfants décident de faire un bonhomme de neige dans le jardin. Au bout de vingt minutes, ils reviennent me voir et me demandent une carotte et deux clémentines. Sauf qu'ils ne les ont pas placées aux endroits que j'envisageais. VDM

Aujourd'hui, j'ai mangé un radin aux pommes. C'est comme un chausson aux pommes, sauf que la boulangère a oublié de mettre les pommes dedans. VDM

Aujourd'hui, je suis en train de dormir profondément quand, soudainement, je reçois une énorme claque sur le front. Des doigts commencent ensuite à me triturer la bouche, le nez et les yeux. Définitivement réveillé, je vois ma copine en plein fou rire. Elle venait de me prendre pour son réveil. VDM

Aujourd'hui, ma mère a appris que je fumais. Comment? Aux informations, lorsqu'ils ont parlé de la hausse du prix des cigarettes, j'ai crié : "Merde, fait chier!" VDM

Aujourd'hui, j'étais à une soirée chez des amis quand j'ai décidé d'attraper ma copine et de la jeter dans la piscine. Elle était vide. VDM

Aujourd'hui, je passe mon permis de conduire. Tout se passe bien jusqu'au dernier virage, où j'aperçois mes parents avec une banderole sur laquelle est écrit : "Tu vas y arriver, mon chat !" VDM

Aujourd'hui, en cours, j'ai dû réciter mon exposé. À peine j'étais arrivé, que la prof me dit : "Tu saignes du cent vingtième bouton en partant de la droite." VDM

Aujourd'hui, une inconnue m'a giflé en s'écriant : "Ça, c'est pour m'avoir cassé ma gomme en sixième !" J'ai vingt-trois ans. VDM

Aujourd'hui, conseillère en parfumerie, je m'occupe d'une cliente qui veut un rouge à lèvres. "Je voudrais un rouge à lèvres comme vous, un rouge pute." VDM

Aujourd'hui, alors que je rentre du restaurant vers deux heures du matin, un jeune homme marchant derrière moi dans mon parking me prévient, pour ne pas que je sois effrayée qu'il ne fait que se promener. Je me retourne pour lui dire qu'il n'y a pas de problème. Il était tout nu. VDM

Aujourd'hui, pendant mon sommeil, mon amant a écrit au marqueur un message pour mon mari sur ma fesse droite. VDM

Aujourd'hui, je me suis aperçue que mon mari prononce les mêmes phrases quand il donne son biberon à notre fille que lorsqu'il me fait l'amour : "Hum, c'est bon hein ?", "Ah, tu aimes ça, dis donc !", "Oh oh, la pe-tite-gour-mande !" VDM

Aujourd'hui, mon homme va aux urgences pour des calculs. L'infirmière lui tâte le paquet avec beaucoup d'application pendant un looooooong moment, puis dit : “Je vais chercher le médecin, car de toute façon, je n’y connais rien.” VDM

Aujourd’hui, invité chez les parents de ma fiancée, je n’arrive pas à participer aux discussions. Lors d’un gros silence, tout le monde me fixe. Pour me donner une contenance, je prends une pomme dans le plateau de fruits à côté de moi et la croque. La pomme était en plastique. VDM

Aujourd’hui, après une très courte nuit, j’ai répondu “saignant” à la question : “Quelle cuisson ?” Perplexité de mon interlocuteur, mon boulanger. VDM

Aujourd’hui, j’ai demandé à mon fils de noter sur les cartons du déménagement ce qu’il y avait à l’intérieur. Le déménageur m’a demandé où l’on mettait les trois cartons “bordel n° 1”, “bordel n° 2” et “bordel n° 3”. VDM

Aujourd’hui, je suis resté coincé entre 10 h 30 et 11 h 45 dans l’ascenseur de l’hôpital. Je suis papa d’une petite fille, Maria, née à 10 h 55. VDM

Aujourd’hui, je marchais lentement vers les W.-C. à cause de mon épanchement rotulien quand, tout à coup, ma mère s'est mise à courir pour me dépasser et prendre ma place en me disant : "Moi, au moins, je peux couriiiiir !" VDM

Aujourd'hui, je suis conducteur de bus à Paris. Un client monte avec un mouton. Je lui dis qu'il ne peut pas prendre le bus avec un animal qui ne tient pas sur les genoux. Le type a mis le mouton sur ses genoux et l'animal, en me regardant, s'est mis à bêler. VDM

Aujourd'hui, je me suis foulé le petit orteil... Il s'est coincé dans ma culotte alors que j'essayais de l'enfiler. VDM

Aujourd'hui, l'agricultrice d'à côté me dit de venir prendre un lapin. J'envoie mes filles pour qu'elles le choisissent dans les clapiers. Elles jettent leur dévolu sur le plus mignon. La fermière ouvre le clapier, l'attrape par les oreilles et lui tranche la gorge en donnant le temps de cuisson. VDM

Aujourd'hui, un verre de mes lunettes a été cassé par un bonbon en gélatine lancé du haut de la tour Eiffel. VDM

Aujourd'hui, j'entre dans la salle d'attente du pédiatre avec ma fille ; deux hommes y sont déjà. Ma fille ne les quitte pas du regard. Au bout de cinq minutes, elle lance à voix haute : "Maman, c'est lequel des deux qui pue ?" VDM

Aujourd'hui, j'ai reçu ma belle-famille pour la première fois. Stressé, j'ai renversé les pâtes dans l'évier et, n'ayant rien prévu d'autre, je les ai rapatriées dans le plat ni vu ni connu. Personne n'en aurait rien su si l'éponge n'était pas réapparue miraculeusement au milieu du repas. VDM

Aujourd'hui et depuis quelque jours, dès que j'ouvre les fenêtres, on s'introduit chez moi et on vandalise mon appart'. Le coupable : un oiseau pervers qui prend un malin plaisir à chier partout. Il fait 30 °C, et là, je le vois sur le mur d'en face. Il guette... VDM

Aujourd'hui, on regarde une vidéo de ma naissance avec ma famille. Dans la vidéo, quand ma mère me voit pour la première fois, elle dit : "Mais qu'il est moche !" VDM

Aujourd'hui, et pour la dixième fois cette semaine, des chats viennent miauler juste en dessous de ma fenêtre. Exaspéré, je me lève, vais prendre un verre d'eau et décide de le lancer par la fenêtre. Demain, je réessaye avec la fenêtre ouverte. VDM

Aujourd'hui, de bonne humeur, je propose à mon copain qui jouait à la console de lui faire une petite gâterie. Il accepte et, ne me voyant pas réagir, me demande : "Ah, parce que tu veux que j'arrête pendant ce temps ?" VDM

Aujourd'hui, je demande à mes élèves à quoi sert une carte d'identité. L'un d'eux, sept ans, répond : "C'est pour aller voir papa en prison." VDM

Aujourd'hui, j'ai poussé mon mari à trier son linge sale, pensant qu'il allait séparer le blanc des couleurs. Quand il a eu terminé, il m'a montré deux tas : un de linge "vraiment sale" et un autre avec du linge "pas trop sale" qu'il pourrait "mettre encore une fois". VDM

Aujourd'hui, je glisse sur des feuilles mortes, je m'étale, me relève et fais la révérence pour mon public hilare. L'honneur est sauf. Deux mètres plus loin, j'ai réédité ma gamelle pour ceux qui l'auraient loupée la première fois. Ils ont beaucoup plus ri au rappel. Vive le comique de répétition. VDM

Aujourd'hui, ma cousine de cinq ans s'ennuie, elle me propose donc de jouer à chat. Peu motivé, je lui dis d'inventer elle-même une nouvelle version, histoire de me surprendre. Cinq minutes après, je me retrouve à saigner de la cuisse. Effectivement, "chat-fourchette", ça m'a surpris. VDM

TURBO

Aujourd'hui, je décide de me raser les testicules. Une fois la chose faite, je décide de passer l'aspirateur, et en profite pour aspirer les quelques poils restant sur mon corps. Très mauvaise idée. VDM

REMERCIEMENTS

Dans cet ouvrage, il y a des pépites. Mais, tout comme l'or, il ne suffit pas de se baisser pour les ramasser. Il faut vraiment creuser profond. Alors nous disons un grand merci, joyeux et prosternés, à Julien (Azarian) et à Alan (Holding) qui nous aident chaque jour à tout tamiser.

LES AUTEURS

MAXIME VALETTE est né le 30 avril 1988 à Reims. Il est tombé dans l'informatique tout petit. Il ne se souvient pas d'une époque où il n'a pas eu un ordinateur entre les mains. Il a commencé à programmer vers 9 ans, puis a construit des sites Web à 11 ans, créé une association à 15 ans dont une des activités est devenue une activité pro quand il avait 16 ans, et qu'il a revendue à 18 ans pour créer le site VDM (tout le monde a suivi ?). Mis à part l'informatique, ses hobbies sont la musique (du violoncelle pendant 10 ans), les séries TV et le vin (Monsieur habite en Champagne).

GUILLAUME PASSAGLIA est né le 28 janvier 1982, quelque part sur la Côte d'Azur. Il aime les ours polaires et la vodka-Martini (au shaker, pas à la cuillère). Il est également ingénieur informatique, photographe, et sportif accompli. Il a longtemps été un gamer infatigable sur Internet, mais il s'amuse maintenant à d'autres jeux, comme celui de diriger plusieurs entreprises au niveau international. Il reste infatigable. Il est également responsable du ménage dans l'appartement de Paris où toute l'équipe VDM se réunit pour travailler et parler de l'avenir. Il aime que tout soit parfait. Son rêve ultime est donc de battre un jour Didier Guedj au tennis.

DIDIER GUEDJ est né à Paris, il y a longtemps. Après des études de commerce international et un premier job dans le marketing, il est instantanément devenu plutôt musicien. D'abord compositeur de jingles pour la publicité, puis concepteur et directeur de création dans plusieurs agences, il a ensuite fondé la sienne. De Heineken à Canon, en passant par quelques parfums français et autres best-sellers en édition, il a réalisé plus de 100 campagnes publicitaires. C'est le diable.

ILLUSTRATIONS

MARIE LEVESQUE – Missbean – est née au début des années 1980. Après quelques années d'études d'architecture, elle se consacre à plein temps à l'illustration. Aujourd'hui, elle vit et travaille au fin fond de l'Aveyron avec sa petite famille. Elle aime la bière et le chocolat, adore photographier les insectes en mode macro et regarder des films en dormant – c'est à cause de cela qu'elle ne se souvient jamais de la fin.

Table

Dans la collection VDM :

Maxime Valette, Guillaume Passaglia et Didier Guedj, *VDM*, éditions Privé, 2008.

Collectif, *VDM illustrée*, éditions Privé, 2009.

Hipo, Grelin, Maxime Valette, Guillaume Passaglia et Didier Guedj, *Vie de merde, les premières fois*, Michel Lafon/Jungle, 2010.

Mr Choubi, Maxime Valette, Guillaume Passaglia et Didier Guedj, *Vie de merde, au boulot*, Michel Lafon/Jungle, 2010.

Composition réalisée par PCA

Achevé d'imprimer en avril 2012 en Italie par
ROTOLITO LOMBARDA
Dépôt légal 1re publication : mai 2012
Librairie Générale Française – 31, rue de Fleurus – 75278 Paris Cedex 06

30/1890/0